JN440082

iFU

문보환 교수 / 프로듀서

어두운 밤이 좋아서 기다렸는데 이제는 아침을 기다린다
겉과 속이 다른 게 사람이고 앞과 뒤가 다른 게 세월이며 시작과 끝이 다른 게 인생이다
흐트러진 기억이 흐려지기 전에 하나라도 더 남기고 싶다

김동욱 교수 / 아트디렉터

비어 있는 공간 속에 수도 없이 많은 선을 그려 넣어보지만
미련을 버리지 못하고 끝내 아쉬움이 남아 결국 고민을 거듭하는 것이 디자인이다
조금이라도 더 보여주고 싶었지만 이제는 하나라도 더 비우고 싶다

고광준 교수 / 포토그래퍼

언제나 같은 시간에 같은 장소를 끊임없이 찾아가 보지만
원하는 대로 담지 못하고 뜻하지 않게 생각지도 못했던 순간을 담아간다
눈에 보이는 전부를 담을 수 없지만 하나라도 더 마주하고 싶다

iFU
만약이라는 말은 당신이 세상을 살아가는 버팀목이 됩니다

Contents

사랑

추억

흔적

내딛는 길, 소중한 사랑을 만나서

지나온 길, 아름다운 추억을 말하고

다다른 길, 영원한 흔적으로 남기는

01.

Love

만약 당신이
누군가를
사랑 한다면
.
.
.

Love · 사랑

보이는 세상, 느껴지는 기분, 지나온 아픔까지
설렘으로 아름답게 변하기 시작한다

사랑,
그리움을 만나다

바라보는 곳마다
떠오르는 사람이 있다
사랑은 그냥
아무런 이유없이
같이 있어도 보고 싶고
찰나의 헤어짐도 싫은
가장 가까이에 있는 그리움이다

Love 1

함께 웃어주고 함께 울어주며
서로 안아주고 서로 아껴주며
바로 앞에서 둘이 다정하게 마주앉아
그저 편안하게 마음껏
소소한 이야기를 나눌 수 있는
이제는 소중한 사람이 있다

어둠 속에 길을 잃고 방황해도
어느 순간 벼랑 끝에 내몰려도
가슴속에 새겨진 변함없는 모습으로
그저 묵묵하게 조용히
기댈 수 있는 어깨를 내어주는
비로소 그리운 사랑이 있다

너와 나 사이를 이어주는
하늘 아래 둘이 하나 되는 사랑은
두 사람이 살아가는 의미가 되어준다

사랑이 무르익어 안팎으로 서로에 대한 불안한 마음이 차츰 사그라지면
은근슬쩍 조금씩 커지는 사랑을 조심스럽게 엿보고 싶어 한다

유치하다고 생각하면서도 만날 때마다 매번 진짜 좋아하는지 묻고
얼마만큼 사랑하는지 언제까지 사랑할 건지 또 묻는다
은근히 더 사랑하는 나의 속마음이 탄로 날까 봐 짐짓 태연한 척하며
나보다 더 사랑하는 그의 속마음을 알고 싶어 주책스럽게 매일 같이 확인한다

속으로 차고 넘치는 사랑에도 아직은 소심한 마음 때문에 조마조마하지만
겉으로 모습을 드러내지 않는 소중한 사랑은 한 번에 몰아치지 않고
서서히 세월에 스며들어 고요하게 한없이 깊어지는 것이다

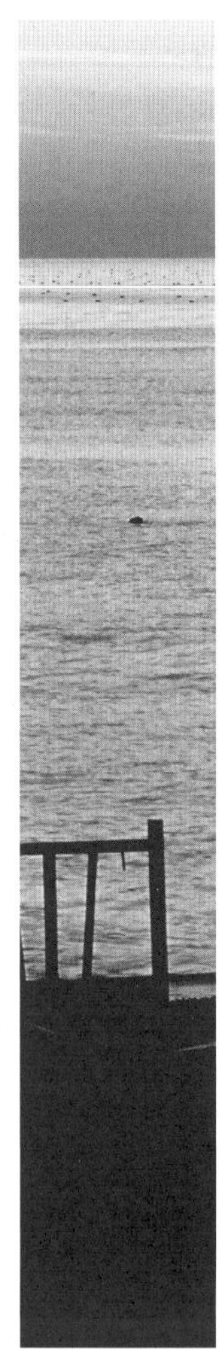

한눈에 알아보고 첫 눈에 사랑에 빠지는 신비로운 운명은
자신도 모르게 다가와 결코 요란스럽지 않게
그윽하게 차오르는 사랑 안의 그리움으로 스며들어 간다

조그맣게 다가와 이미 거부할 수 없는 사람이 되어
지친 내 모습을 쓰다듬어 주고 재미없어도 싱긋이 웃어주다가
가끔 말도 안 되는 이유를 들이대며 볼멘 투로 끝없이 애태워도
밑도 끝도 없이 소중한 사랑이 마냥 좋기만 하다

사랑에 눈이 멀어 한시도 눈을 떼지 못하고
쫓기 듯이 불안하고 초조한 모습으로 얼빠진 행동을 일삼으며
사람들이 바보 같다고 놀려도 그저 헤헤거리며 웃어댄다

껴안은 팔을 통해 전해지는 숨소리에 심장이 고동치고
나직이 들려오는 수줍은 목소리에 걷잡을 수 없이 설레는
오로지 한 사람만을 가슴에 담은 사랑은
서로를 거울삼아 점점 비슷한 모습으로 닮아가는 것이다

만약 당신이
사랑을 고백한다면

있는 그대로
꾸밈없이
보여주는 것이다

서두르지 않고 서서히 무르익어 가는 사랑이
서로를 알아가는 나날들이 행복하다
다른 시간 다른 공간에서 다르게 세상에 나와
같은 시간 같은 공간에서 똑같은 세월을 만나
한곳을 마주 보는 그리움이 시작된다

두근거림에 똑바로 마주보기가 쑥스러워
힐끗힐끗 곁눈질로 쳐다보면서도
온종일 떨어질 줄 모르고 바짝 달라붙어
잡고 있던 손을 놓치지 않게 더 꼭 움켜쥔다

가다가 지치면 말하지 않아도 기다려 주고
힘들어하면 조용히 등을 내밀어 주는
은연중에 전해지는 마음을 통해
아기자기한 수많은 꿈을 펼쳐가기 시작한다

불안한 사랑은 성급히 조급하게 재촉하지만
소중한 사랑은 천천히 느긋하게 기다려준다

뻔히

다 알면서도 넌지시 속마음을 떠보고 재차 확인한다
안보는 척 힐끔거리며 한시라도 떨어지기 싫어하는 천진스러움이 전해진다

너와 나 사이, 다시없는 어울림이다

빤히

보이는 수작에 의아한 눈으로 멀뚱히 갸웃거린다
모르는 척 얼버무리며 밉살스러운 눈초리로 일부러 딴소리를 내뱉는다

나와 너 사이, 다시없을 부러움이다

봄, 피어나는 아지랑이처럼 기분좋은
여름, 부서지는 햇살처럼 찬란하게 눈 부신
가을, 어느새 안개비처럼 흠뻑 적셔오는
겨울, 탐스러운 함박눈처럼 수북이 쌓여가는

사랑을 꿈꾼다

신비한 직감

아무 일도 없다고 잡아떼며 어떻게 해서라도 숨기려 하지만 소소한 감정까지 귀신처럼 알아챈다

어설픈 속내를 간파하고 단박에 숨김없이 실토하게 만드는 참 신비한 본능적인 직감을 가지고 있다

하룻밤의 이별

온종일 얼굴만 바라보다 달랑 하룻밤이라는 이별의 시간이 찾아오면 밤늦도록 서성이다 슬픈 눈빛으로 의미심장한 무언의 대화를 나눈다

아주 짧은 시간의 엇갈림에 불과하지만 멀어져가는 발소리에 갈수록 가슴이 답답해지고 먹먹해져 아무런 소리도 들리지 않는다

핑계거리

단둘이서만 있고 싶어 기막힌 핑곗거리를 꾸며대고 주위에 아무도 없이 한적하고 운치 있는 곳을 찾아 떠난다

사랑하는 사람과 함께 한다는 기쁨에 세상을 다 가진 것 같은 행복을 느낀다

사랑은 가끔 미치도록
그리워하는 것이다

다 이해하고
무조건 좋아하는
사랑을 할 수 있다면

맨발로 나란히 걸어가며 둘이 같은 눈으로 닮아가는 사랑은 서로 마주 보며 말하지 않아도 이유 없이 두근거리게 만든다
죽어서도 함께하자고 다시 태어나면 꼭 다시 만나자고 약속하며 남들보다 특별하게 사랑한다고 매일 같이 평생 끊임없이 속삭여 주는
사랑 안의 그리움은 어느새 꿈결처럼 다가와 갑자기 나를 몽롱하게 만드는 것이다

사랑,
설렘을 만나다
둘이 하나 되고
하나가 셋이 된다
바라보기만 해도 좋은
생각할수록 기쁜
자꾸만 자랑하고 싶은
처음 느껴보는
벅찬 설렘을 맞이한다
Love 2

솟아나는 샘물처럼 끊이지 않는 믿음으로 미숙함을 메꿔주며
야무지지 못하고 허술한 행동거지를 보여도 나무라지 않고 꼼꼼하게 살펴주는

탐탁지 않아도 화내지 않고 한결같은 모습으로 따스하게 감싸주며
여린 두 팔로 끌어안고 갓난아기 달래듯이 토닥여 주는

반의반도 따라갈 수 없는 감당하기에 벅찬 고귀하고 순결한 사랑으로
감내하기 힘든 숱한 시련을 푸념 한번 없이 꾹꾹 눌러 참고 이겨내는 사랑은

어느새 둘을 오직 하나의 설렘으로 이끌어 준다

뜻밖의 소식이 날아드는 순간 지금껏 경험해 보지 못한 기이한 전율에 휩싸여
정신을 내팽개치고 꿀 먹은 벙어리처럼 눈만 껌벅거리다
무엇에 쫓기는 사람처럼 요란스럽게 수선을 떨어대며 안절부절못하고
평소에 볼 수 없었던 자상함으로 살갑게 비위를 맞추며 뒤꽁무니만 졸졸 따라다닌다

기대와 설렘으로 이어지는
끊임없이 커지는 사랑은
욕심이 끝도 없는 것이다

가지면 가질수록 더 갖고 싶고
넘쳐흐를수록 좋은
시도 때도 없이 자랑하고
거침없이 드러내고 싶은
알면서도 철딱서니 없이 으스대고
어지간히 눈꼴시게 별난

설렘을 만약 당신이 맞이한다면

세상의 가장자리로 떠밀려 다니다
버거움에 지쳐 좌절해도
밑바닥에 모로 쓰러져
다시는 일어설 수 없을 것 같아도

알 수 없는 사이
그리움으로 스며든 사랑이
소중함으로 이어진 설렘이
언제나 쓰러진 당신을 일으켜 준다

예쁘고 좋은 것만 챙겨주고
한시도 떨어질 줄 모르는
끝나지 않을 사랑이 시작된다

별 탈 없이 자라기만 바란다며
끝도 없이 안달복달하고
우선 달래고 보느라 쩔쩔매면서
이래저래 상관하느라 바쁘다

온갖 야단법석을 피우며
대수롭지 않은 일에도
유난스럽게 호들갑을 떨다가
스스로 기가 막혀 실소를 흘린다

우스꽝스러운 꼬락서니에
서툰 노릇을 가까스로 그만두고
곰곰이 하루를 되새겨 본다

줏대 없이 이랬다저랬다
말도 안 되게 휘둘리던 모습이
하도 어이없어서 머리를 긁적인다

묘하게 정신줄을 마비시키는
모든 것을 송두리째 독차지한 사랑에
고개를 절레절레 흔든다

순식간에 찾아와

한순간에 물거품이 되어

삽시간에 사라지는

설렘은 순간이지만
영원으로 이어진다

사랑은 아무런 무게가 느껴지지 않는 것이다

설렘은
꼼짝 못 하게 하는
마법 같은 것이다

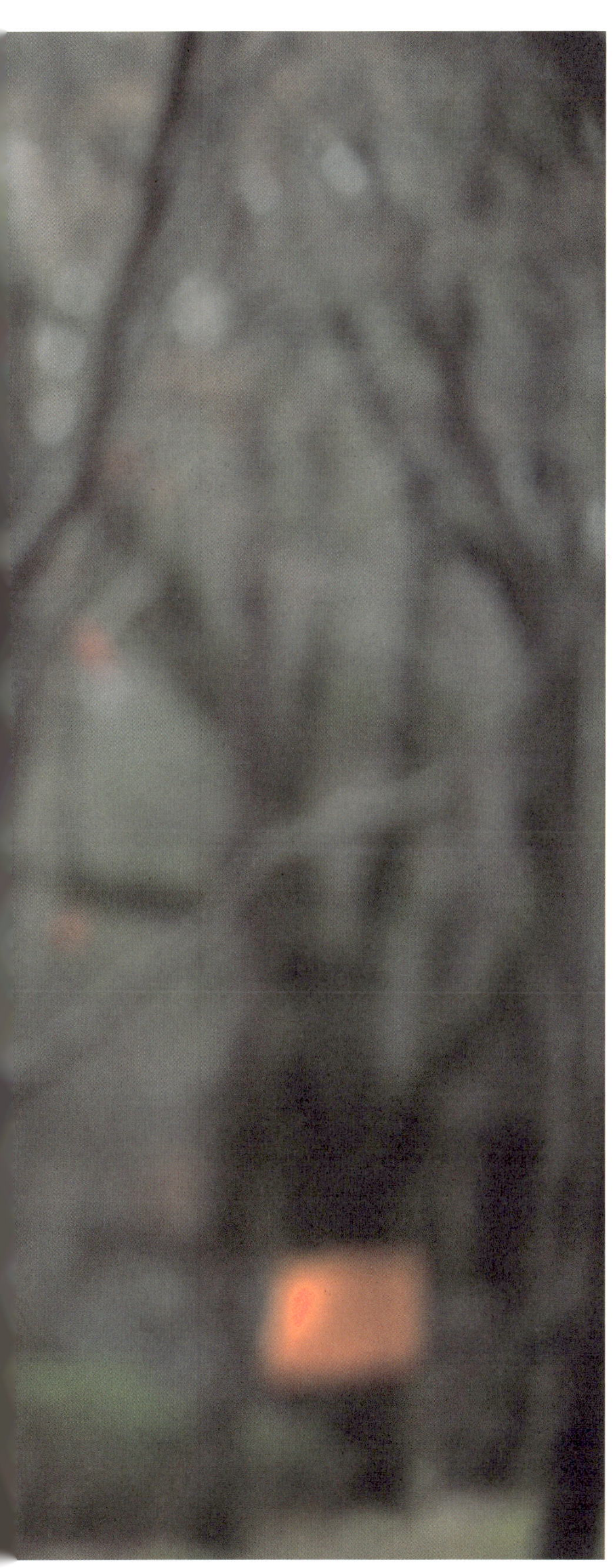

밤낮없이 품 안을 들랑거리며
행여나 떼어놓고 어디라도 갈까 봐
들러붙어 감시하는 폼이 사뭇 날카롭다

하루 종일 부지런히 발을 놀리며
호기심에 이곳저곳 기웃거리다
천천히 어슬렁거리며 다가와
덮어놓고 다짜고짜 소매를 잡아끈다

무슨 일인지 어리둥절한 표정을 지으면
뚱한 표정으로 따라와 보면 안다는 듯
핀잔 섞인 투로 두 눈을 흘겨대고
도대체 꿍꿍이가 궁금해서 슬쩍 떠보면
그것도 모르냐는 듯이 입을 삐죽거린다

흔히 어디서나 볼 수 있는
보잘것없는 너무나 평범한 일상 안에서
소탈한 겉 차림에 가볍고
소박한 속 차림에 유쾌한
지루할 틈이 없는 설렘이 너무도 행복하다

설렘은
둘이 하나 되고
하나가 셋이 되는 것이다

탐스럽게 반짝이는 초롱초롱한 눈망울로
도토리처럼 앙증맞은 손을 뻗쳐온다

새초롬한 말투와 삐지는 성질머리에서
성깔은 물론 고운 입매까지 쏙 빼다 박은
얼핏 보면 똑 닮은 사랑이 그다지 밉지 않다

필요할 때만 혀 짧은 소리를 내며
예쁜 척 불쌍한 척 애원하듯 매달리는
유별난 애교에 꼼짝 못 하고 당하게 된다

감히 헤아릴 수 없는 보배로움이
언제까지나 환한 웃음을 잃지 않고
맑고 티 없이 자라기만 바라며
끝없이 잘되기만 간절하게 소원한다

기꺼이 전부를 내줘도 하나도 아깝지 않은
그 무엇도 견줄 수 없는 사랑의 이어짐은
힘든 삶을 살아가는 가장 큰 이유가 된다

언뜻 짓고 있는 모양새
기막히게 진해지는 생김새
때론 진짜 밉상인 행동 하나까지
서서히 중복되어
야무지게 무르익어 간다

닮으라는 데만 쏙 빼고
제발 이것만은 닮지 말라는 데만
어쩜 저렇게 골라서 닮았는지 모른다

어떤 말에도 용케 한마디도 지지 않고
꼬박꼬박 말대꾸해 대며
청개구리 마냥 어김없이 반대로 행동한다

참다못해 한마디 하려 하면
어찌나 눈치가 빠른지
태연하게 두꺼운 낯짝으로
엉큼하게 오리발을 내밀면서
뻔뻔하고 배짱 좋게 자기 말만 우겨댄다

잠시도 심심할 겨를을 주지 않는
그래도 어쩔 수 없이 예쁜 최고의 사랑이다

사랑을 휘감은

설렘은

순식간에 몰려와

깊숙이 파고들어

숨 막히는

짙은 잔향을 퍼트린다

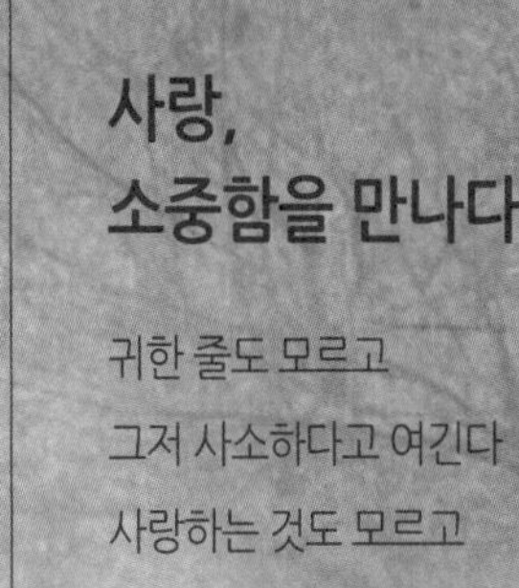

사랑,
소중함을 만나다

귀한 줄도 모르고
그저 사소하다고 여긴다
사랑하는 것도 모르고
마치 당연한 듯 살아간다
적당히 대충 넘기고
무심코 지나쳐 온
소중함을 어렴풋이 알아간다

Love 3

불현듯 가슴 한구석을 때리는 울림으로
느닷없이 고개를 내미는
괜히 쑥스러워지는 사랑이 있다

우두커니 먼 발치에서 항상 머뭇거리며
한동안 애간장을 녹이고
가슴팍에 파고드는 사람이 있다

제발 떠나지만 말아 달라는 하소연에도
초연하게 지나가 버리는
시린 눈물을 떨구게 하는 사랑이 있다

메마른 심장에 잇달아 불을 지펴 놓고
뻗으면 뻗을수록 멀어지며
머릿속을 매섭게 뒤흔드는 사람이 있다

도저히 엄두가 나지 않아 괜히 쭈뼛거릴 때
거대한 해일이 되어
거침없이 들이닥치는 사랑이 있다

이미 빗장으로 굳게 잠겨버린 마음에도
도리어 담담하게 맴돌면서
굵직하게 다독여 주는 사람이 있다

사랑은
언제 어디서든
기대고 싶어 할 때
내가 있다고 말하는 것이다

설렘은
기울어지는 삶을
떠받치고 지탱하며
버팀목이 되어 주는 것이다

사는 게 지치고 힘들다며 실의에 잠겨서 신세를 한탄하다
만신창이가 되어 맥을 못 추고 나락으로 떨어질 때
칠흑 같은 어둠을 뚫고 득달같이 달려와
한 번도 겪어보지 못한 궂은일과 뒤치다꺼리를 마다하지 않는

숨 가쁜 세월에 젊음을 빼앗기고 앞만 보고 달려오다
이유 없는 외로움에 몸부림치며 어찌할지 몰라 멈춰 설 때
억수 같은 장대비를 두들겨 맞으며 허겁지겁 달려와
흐느끼는 등뒤에 말없이 주저앉아서 숨죽여 울어주는

온몸에 흙탕물을 잔뜩 뒤집어쓰고 깊은 수렁에 빠져
모든 것을 포기하고 엉망진창이 되어 버둥거릴 때
아무 일도 없었다는 듯이 가파른 비탈길을 한달음에 달려와
더러움은 아랑곳하지 않고 서슴없이 감싸고 안아주는

곤경에 처해서 추레한 차림으로 꼴사납게 널브러져
차마 눈 뜨고 보지 못할 처량한 몰골로 절름거릴 때
아무것도 보이지 않는 안개 속을 헤치고 달려와
그동안 거들떠보지도 않았던 소중한 사랑을 일깨워 준다

소중한 사람은
한꺼번에 다가가지 않고 하나씩 부족함을 메워주는 것이다

소중한 사랑은

한꺼번에 다가오지 않고 하나씩 애틋함을 쌓아가는 것이다

훌쩍 지나버렸지만 이제야 마음의 여유를 가지고
오래전 그날에 다가왔던 사랑 이야기를 떠올리게 된다

시간이 지날수록 순수하게 그려지는 기억 속에서
매사에 모자람을 채워주고 넘치는 선물을 안겨주며
매일 같이 행복한 아침을 맞이할 수 있도록 해주던

혹시나 길을 잃을까 봐 서쪽 하늘에 떠 있는 금성처럼
오직 한 곳에서 다소곳한 모습으로 길잡이가 되어주고
힘든 일이 있을 때마다 저멀리 밤하늘의 유성처럼
자신을 불태우며 원하는 대로 잘될 거라며 믿어주던

밤새도록 도란도란 온화하고 정겨운 말벗이 되어
대단하지도 않은 시시하고 자질구레한 이야기를
속속들이 맞받아 주며 흥미롭다고 과장해서 칭찬해 주는
사랑은 정작 모르고 있다가 살면서 뒤늦게 깨닫는 것이다

한 움큼 한 움큼씩
쪼잔한 마음에
소심하게 가슴 속에 쌓아 두었던

사소한 미움들이 괜스레 미안해진다

누가 알아주지도 않는 짝사랑에 움찔거리며 벙어리 냉가슴 앓다가 큰맘 먹고 고백하려 성큼 다가가 보지만
막상 그 앞에만 서면 간이 콩알만하게 쪼그라들고 머리가 하얘져 아무 말도 하지 못하고 결국 머뭇거리다 입도 뻥긋 못한 채 돌아서 버린다
싱숭생숭한 마음에 땅이 꺼지도록 한숨을 내쉬지만 외로운 사랑도 여전히 소중한 사랑이다

첫사랑은
영원할 것 같지만
바람에 닿은 이슬과 같다

스쳐 가는 사랑은
검은 조각구름처럼
잠시 잠깐 머물 뿐이다

솔직한 사랑은
어떤 모습이라도
한가지 향기만을 풍긴다

소중한 사랑은
스치듯이 찾아와도
결코 떠나가지 않는다

변함없는 사랑은
포근한 울타리가 되어
떨림으로 여림을 지켜준다

깊은 사랑은
세월을 이겨내고
지나감을 멈추게 한다

잠시 잊고 있다면

누군가와 한길을 걷고 있다는 것을

만약 당신이

뒤로 가지런히 놓여 있는 발자국 위로 새겨진
세월의 무게에 밀려난 수없이 많은 미련이
진하고 깊게 패어 있는 주름 사이로 보이기 시작한다

사랑이라는 감정이 온몸에 가득 차 있다는 착각 속에
당연하게 언제나 곁에 있어 소중함을 잊고 지내온 세월이다
한 베개를 베고 나란히 누워 같이 살아오는 동안
진작에 잘해주지 못한 돌이킬 수 없는 후회가 몰려들지만
이제는 말없이 조용히 곁을 따라 서둘러 걸음만 옮길 뿐이다

어울리지 않게 달달하고 부드러운 말들이 입 안에서 맴돌지만
평소 말해본 적이 없어 생각하는 것만으로도 낯부끄러워진다
지금까지 미련스럽고 순박하게 내 곁을 지켜준 고마움에
못 본 척 곁눈질을 해보지만 헛기침만 나오고
지키지도 못한 말로만 약속했던 수많은 일들이 생각난다

그래도 여전히 버거운 나를 군소리 없이 지켜주고 있는
다시 깨달은 소중함에 두 눈 가득 소리 없는 사랑비가 내린다

사랑,
또 하나의 사랑을
만나다

우연히 찾아온
또 하나의 사랑에
멋쩍게 웃음짓는다
망설임에 주춤거릴 때
주저없이 먼저 다가와
슬며시 곁을 내어주는
너무나도 고마운 사랑이다

Love 4

수다스럽게 말하지 않아도
스스럼없이 드러나는
수선스럽게 나대지 않아도
끊임없이 교감할 수 있는

구태여 설명하지 않아도
애써 이해시키지 않아도
있는 그대로 편한
찰싹 붙어있는 사랑이다

짜증스럽게 신경질을 부려도
다소곳이 지켜보는
변덕스럽게 화풀이를 해대도
너그러이 받아주는

밀물과 썰물처럼
자연스럽게 한데 어울려
함께 밀려가고 밀려오는
진정한 또 하나의 사랑이 있다

FILA

사무치는 사랑은
가슴을 옥죄며 밑바닥부터 밀려오는 가엾은 애정과 서러움에
한평생을 잊지 못하고 안타까워하다 잠 못 이루고 뜬눈으로 밤을 지새우게 한다

또 다른 사랑은
시시때때로 변해가는 소중한 기억의 편린이 옅게 흐려져갈 즈음
시샘 어린 그리움으로 되돌아와 어느 틈에 생채기 난 마음을 기적같이 치유해준다

아슬아슬한 사랑은 애잔하고 가여운 몰골로 쓸데없이 밀고 당기기를 반복하다
끊어질 듯 이어지는 울분에 지쳐서 마구잡이로 포기해 버린다

흔들리는 사랑은 겉모양만 그럴듯하고 속은 볼품 하나 없으면서 툭하면 비교하는
비뚤어진 생각으로 줏대 없이 옮겨 다니다 꼴사납게 끝나 버린다

제멋대로인 사랑은 당연히 떠나가지 못할 거라는 오만한 망각에 빠져들어
처연함이 수북하게 쌓일 때까지 헌신짝처럼 내던져 버린다

어리석은 사랑은 부질없고 허황된 약속을 버리지 못하고 교묘한 현혹에 빠져
어쩌다 한번 잘 될지도 모른다는 헛된 꿈만 꾸다가 날려 버린다

허망한 사랑은 잠시 먼 산에 발이 묶여 있다가 이내 흩어져 버리는 구름처럼
아무리 잡아보려 발버둥 쳐도 속수무책으로 떠나가 버린다

사랑은
사랑한다고 쓰는 것이다

때로는
쓰다가 지우고
또다시
써내려 가는 것이다

거짓을 잔뜩 부풀리고 터무니없는 모함을 일삼는

못된 사람보다 차라리 낫다

위선을 뒤집어쓰고 유창하게 기만을 앞세운

못난 사랑보다 오히려 낫다

부르기도 전에 벌써 옆에 와서 애교를 높이 쳐들고 보채는 야무진 사랑은
빠지면 섭섭한 시끌시끌한 가족이 되어 생각지도 못한 행복을 선사해 준다
쓸데없이 재지 말고 시원스럽게 어서 내게 오라고 품을 내주며
꾸밈없이 소박한 모습으로 한곳에서 함께 머물며 헤쳐 나가는 사랑이다

온갖 트집으로 소란스럽기만 한 억지스러운 사랑에 지쳐갈 때
뜻밖의 사랑이 찾아와 이제야 다 채우지 못한 사랑이 거듭 쌓여간다
사랑이라고 다 같은 사랑이 아니다
영원히 동그라미 위를 함께 걸어갈 수 있는 사랑이 진실한 사랑이다

제아무리 짓궂게 굴어도 기특하게 심술부리지 않고
화도 내지 않으며 더없이 대견한 모습으로 느긋하게 참고 견뎌낸다

늠름하고 의젓하게 굴다가 분위기가 그리 밝지 않고 이상하다 싶으면
마치 딴 사람처럼 헤벌어진 입으로 모두가 웃을 때까지 재롱을 떨어댄다

이따금씩 참 부럽게 보일 때가 있어서 궁상을 떨면
한심하다는 듯이 고개를 모로 꼬고 여전히 사랑스러운 모습으로 딴청을 피운다

언제 어느 때에도 누구보다 먼저 앞서서 반겨주는
또 하나의 사랑은 굳이 말하지 않아도 몸을 낮추고 더 가까이 다가가는 것이다

한껏 보듬어 주면 이내 주어진 사랑에 한없이 기뻐하고
그야말로 어린 아이처럼 해맑은 표정으로
지금 우리는 사랑하는 사이라는 것을 알아달라고 애타게 바라본다

세상에 지쳐 비칠거릴 때 곁에 다가와서
누구에게도 들키고 싶지 않은 기분을 어떻게 알았는지
이러니저러니 아무런 행동도 없이 위로하듯 지긋이 두 눈을 바라본다

어지럽게 휘도는 세상을 같이 부대끼고 배려하며
말없이 서로의 감정을 느끼고 이해할 수 있는 또 하나의 사랑은
누군가가 필요할 때 가장 가까이에서 함께하는 든든한 친구이자 가족이다

아스라이 들려오는
길을 잃은 사랑의 메아리가
어디로 갈지 몰라
소란스럽게 서성거린다

시무룩하게 서 있지 말고
적적한 삶을 함께 할
친구들을 어서 찾아보라며
귓가에 은은하게 울려 퍼진다

부르는데도 모른 척 시치미 떼다가
어느결에 달려와 아양을 떨어대며
재미와 웃음을 안겨주는 사랑이 예쁘다

억지로 일부러 애쓰지 않아도
결코 변하지 않는 애정을 보여주며
기꺼이 복종하는 사랑이 특별하다

사고 치고 까불거리다 된통 혼나면
시시각각 다양한 표정으로
풀이 죽어 낑낑대는 사랑이 귀엽다

아파서 시름시름 앓을 때도
겉으로 전혀 내색하지 않고
이내 훌훌 털고 일어나는 사랑이 듬직하다

꾸준한 교감으로 각별해지는
애지중지 여기며 절실해지는
곳곳에 스며들어 두터워지는
사랑은 시간이 갈수록 점점 커져만 간다

닥치는 대로 생떼를 부리지 않고
때 묻지 않은 순박한 마음으로
다정하게 노닐며 살아가는 동안
넉넉한 서로의 온기를 교감하는

엉큼한 속마음을 숨기지 않고
이리저리 어우러져 놀러 다니며
천천히 어쩌면 오래도록 함께 할
사랑의 매듭을 단단히 동여매는

제법 엉뚱하고 새침한 척해도
잠자코 뒤집어진 채로 배를 내밀며
그대로 모든 것을 다 내어주는
한 아름 가득 차오르는 푸근한 사랑이다

말이 필요 없는 사랑이 부럽다

02.

Memory

만약 당신이

추억을

이야기 한다면

·
·
·

Memory · 추억

지나온 길, 힘들었던 여정, 잊고 있던 추억에
어느새 이야기 꽃이 피어난다

추억,
이야기를 말하다

고개 숙인 채
어깨를 움츠리고
외롭다고 투덜거리며
인생의 모퉁이를 돌아선다
버텨낸 시간 위로
만들어진 질긴 매듭들을
하나씩 꺼내어 풀어내 본다

Memory 1

희미하게 빛을 발하며
세월 저편에 웅크리고 있다가
기억의 틈새를 비집고
듬성듬성 하나하나 떠오르는 추억이
어슴푸레 조금씩 밝아지기 시작한다

가물거리는 과거 속에
희뿌옇게 색이 바래서
순서도 제각각 뒤죽박죽인 채로
흩어져 있던 이야기들이
머리를 쥐어짜며
한참을 고민하고 나서야
어지럽게 겨우 하나 둘 떠오른다

겨우 붙잡아 놓은 기억들이
갑자기 훼방꾼이 나타나서
언제 사라질지 모른다는 불안감에
서둘러서 아로새긴다

지나온 세월 구석구석 누비던
너울대는 지난 추억들을
올망졸망 길게 늘어놓고
두서없이 제멋대로 다시 추려본다

움켜쥔 손가락 사이로 자잘하게 흩어져 버린
쓰라린 상처들이 무리 지어 되살아난다

상처가 치유되기도 전에 또다른 아픔이 찾아오고
언제쯤 좋은 일만 가득할지 푸념 섞인 신세 한탄만 늘어놓다
결국 인생의 봄날은 영원히 오지 않을 거라며
주변 사람들에게 별안간 이유 없이 화를 내며 쏘아붙이던
다시는 꺼내기도 싫었던 추억들이 불현듯 그리워진다

삶의 고단함에 지쳐 몰골이 형편없이 일그러질 무렵
간혹 즐거웠던 추억들이 고달픈 마음을 달래 준다
자꾸 깜박거리는 굼뜬 기억 탓에 여간해서는 쉽사리 잡히지 않았는데
자존심을 버릴 나이가 되어서야 겨우 뒤돌아보게 된다

언제나 중심에 서지 못하고 매번 뒤꽁무니만 따라다니며
주변으로만 맴돌다 서성거리던 못난 인생살이에
그나마 쓰러지지 않고 버텨낼 수 있는 힘이 되어주었던
세월에 묻혀 스러지는 너무나도 짧지만 소중한 이야기들이 있다

말해야 하는 순간을 놓치고 속으로만 끙끙대다가
결국 아무런 말도 하지 못하고 가슴에 멍울이 맺힌 채

혼자서 속 끓이며 가슴앓이했던 미처 못다 한 이야기가
세월이 흘러 이제는 제법 그럴싸한 추억이 되어있다

세월이 흐르면
별 볼 일 없던 이야기들도
아주 특별하고 재미있는
이야기가 되는

추억은
숨겨진 아픔과
말 못 할 이야기를
훨씬 많이 간직하고 있다

추억
이야기 꽃이 피어난다

이미 한참이나 지나가 버린
아무도 모르는 둘만의 이야기를
서로 전혀 다르게 비틀어 기억하고
풀리지 않는 오해 속에서
말 한마디 건네 보지도 못하고
허우적대며 다투던 시절이 있다

지금 다시 생각해도 어처구니없어
실없는 웃음만 흘러나오고
그 시절이 자꾸만 그리워진다

흘러버린 시간을 거꾸로 돌려
속 시원하게 고민에서 벗어나
훌훌 털어버리고 싶을 때

마음 가는 데로 어디로든 훌쩍 떠나서
남겨진 아픔을 지워버리고 싶을 때

지나간 추억이라고 쓰고
모두 지워버린 다음
다시 써 내려가는 것이다

철이 없어 함부로 날뛰고
제멋에 겨워 거드름을 피우며
주지 말아야 할 상처를 남기고
엉뚱한 실수로 쩔쩔매다가
걸핏하면 억지 부리고
알고 있으면서도 모르는 척하며
생각 없이 덮어놓고 일을 저질렀던

삐죽하게 튀어나온 심술보를
얼굴에 덕지덕지 묻힌 채로
남 탓만 하며 스스로를 옭아매고
방황하며 이리저리 휩쓸려 다니면서
누구와도 쉽게 어울리지 못하고
홀로 선 채로 술을 마셔대며
괜한 트집으로 여기저기 헤집어 대던

여태껏 그 누구에게도 말하지 못한
지울 수 없는 쓰라린 추억들에
씁쓸한 억지웃음만 나온다

오랜만에 다 같이 한자리에 모여
지난 일들을 펼쳐 놓고
한바탕 속 시원하게 넋두리한다

지금 생각하면 별것도 아닌데
진작에 말하지 못하고 먼 길을 빙빙 돌아
이제서야 꽁꽁 해묵어 있던
서운한 감정들을 빠짐없이 털어놓는다

고개를 끄덕이며 그럴 수 있다는 말에
뒤숭숭하고 산란했던 기분은 온 간데없이
금세 마음이 풀어져서는
아무런 일도 없었다는 듯이
천연덕스럽게 사소한 이야기들을
실없이 주절대며 늘어놓는다

시키지도 않았는데 서로를 위로하고
말도 안 되는 소리에도 너그럽게 이해해 주며
쉬지 않고 떠들썩하게 주절거린다
가끔 서로 잘났다고 치켜세워 주며
그래도 그때가 참 좋았다고
내내 똑같은 이야기들을 반복한다

가슴을 짓누르던 답답함을 벗어나
엉켜 있던 속은 후련하지만
한편으로는 속 좁은 못난 마음에
나도 모르게 긴 한숨을 내쉰다

가까이에서 겪을 때는 그렇게 힘들던 일들도 세월이 흐르면 가벼운 얘깃거리로 남는다
어제 일처럼 생생하게 떠오르기도 하고 이따금씩 낯설게 다가오기도 하는 추억은 꾸며낸 이야기가 아니라 직접 겪은 기쁨과 슬픔을 간직하고 있어서 더욱 소중하다
몰아치는 세월의 풍파에 아무런 여유가 없어서 잠시 잊고 살았을지라도 여전히 보이지 않는 기억 속에 이어져 전해진다

추억,
미소를 말하다

세월과 함께 쌓여가는
수많은 추억은
좋든 싫든 상관없이
나이가 들어갈수록
그 시절을 그리워하며
돌이켜 생각할수록
짙은 미소가 떠오르는 것이다

Memory 2

크게 부담 없이 연락하고 변함없이 반겨주며
수십 년 만에 만나도 여전히 미소를 띠고 있는

고민은 잠시 내려놓고 홀가분한 기분으로
떠오르는 지난 추억에 미소를 짓게 만드는

친구가 보고싶다

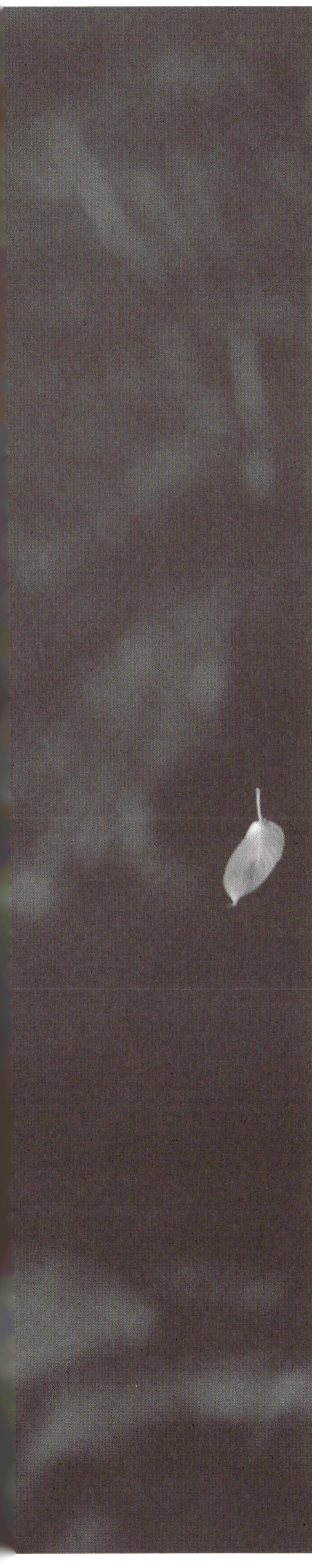

하루 종일 시간 가는 줄 모르고
정신없이 싸돌아 다니며
앳된 모습으로 어른인 척
어쭙잖은 고민을 하던 시절이 그립다

들뜬 마음으로 한껏 멋을 부리고
완전히 제멋에 겨워
걸핏하면 온갖 말썽들을 피우면서도
뭐가 그리 재미있는지
깔깔대며 정신없이 웃어대던
이제는 시들어 버린 청춘을 곱씹어 본다

날마다 흐려지는 기억 속에서
어딘 가에서 늙어가고 있을
소식이 끊겨버린 친구들을 그려본다

어디에 살고 있는지
아직도 날 기억하는지
어떤 모습으로 변해 있을지
혹시라도 너무 많이 변해서
오다가다 만나도 몰라보고
그냥 지나쳐 버렸을지도 모르는

희미한 추억이
짙은 미소가 되어 돌아온다

아직 그대로 남아 있는
가식적이고 까칠한 허울을
모두 벗어 던져 버리고
만면에 웃음을 지으며
여유롭게 콧노래를 흥얼거린다

지난 추억들을 꺼내다 보면
처음엔 낯설지만 어딘가 익숙한
맛깔나는 말투가 튀어나오고
그간의 어색함이 금세 사라진다

열심히 서로 맞장구치며
이제껏 누구에게도 말하지 못한
이런저런 속 깊은사정까지
오랜만에 정말 편한 마음으로
아무 거리낌 없이 털어놓는다

닳을 대로 닳고
낡을 대로 낡은
세월이 오면

인생을 돌아보고
추억을 회상하는
나이가 되면

시들어 버린 가슴과
메말라 버린 입가에

비로소
웃음꽃이 피어난다

기억을 주섬주섬 더듬거리며
시간을 거슬러 가다 보면
머릿속에 아른거리던 일들이
이상하게 가까이에 있고
전혀 생각지도 못했던 일들까지
연달아 꼬리를 물고 떠오른다

별안간 뜻하지 않게
불쑥 떠오르는
꿈에도 생각하기 싫어서
다시는 떠올리고 싶지 않았던
평생 덮어두고 싶었던 일들까지

지금 생각하면 너무나 하찮아서
시시한 일에 불과한데
그때는 왜 그렇게 심각하게
고민에 고민을 거듭했는지
지금은 어처구니없이 우스워 보인다

희끗희끗한 흰머리와
온화해진 주름이 그득하게
뒤덮을 때가 되어서야
여유를 되찾고 추억을 말한다

시간을 거슬러 거꾸로 되돌아갈수록 더 아름다워진다
시간이 흘러갈수록 아름다워지는 추억은

짐짓 말없이 점잖은 척하며
주저하고 망설이다가
굳게 닫힌 입을 여는 순간
그동안 말하고 싶은데
용케 참아왔던 추억들이
한꺼번에 우르르 쏟아지기 시작한다

굳이 남의 시선을 의식하지 않고
별의별 제스처를 섞어가며
시시콜콜한 일들까지
쉼 없이 주절주절 늘어놓는다

평소 잘 웃지도 않고
원래 있는 듯 없는 듯
조용조용하고 말도 많이 없었는데
그동안 전혀 찾아볼 수 없었던
감히 상상도 할 수 없는
생판 달라진 뜬금없는 모습으로
큰소리를 내며 떠들어댄다

오래도록 서로를 기억해 주는
미소가 지어지는 추억은
시간이 지날수록 깊어지는 것이다

추억에 매달리는 이유는 이제는 돌아갈 수 없기 때문이다

추억,
발자취를 말하다

버티고 또 버텨내며
정신없이 살아오다
힘겨움에 결국 멈춰 서고
그제서야 뒤돌아본다
어느덧 까마득히 멀어져 버린
다시는 갈 수 없는
고단한 인생 위에 새겨진
수많은 발자취가 보인다

Memory 3

한순간에 사라진 첫사랑을 못 잊어
신세 한탄에 울어도 보고
녹록지 않은 삶이 고단하다며
술에 취해서 휘청거렸던

더없이 차고 넘치는 사랑에
주체할 수 없는 감동도 받아보고
함께하는 시간이 꿈같이 행복하다며
천지분간 못 하고 날뛰었던

지나온 발자취와 함께
언제 그랬는지도 모르는데
새삼스레 지금까지 남아있는
한낱 지나간 추억거리에 불과하지만

아스라이 떠오르는 사랑에
이미 메말라 비틀어진
보잘것없이 작고 왜소해진
텅 비어 버린 가슴이 아직도 두근거린다

뜻하지 않게 떠오르는 발자취는
특별하지 않아도
누군가가 알아주지 않아도
혼자서만 알고 있어도 행복한 것이다

머무는 구름에 가려
잠깐 그 모습을 숨기다가
흐르는 물결에 비쳐
알 듯 말듯 아른거리는 추억은
어둠이 내릴 때면
아예 사라져 없어지기도
달빛이 비칠 때면
어느새 다시 나타나기도 한다

추억은 내 곁을 떠나지 않고
따라다니는 그림자 같은 것이다

한 곳에서 시간이 멈춘 듯이
때로는 뚜렷하게
어느 순간 군데군데 끊겨 있어
때로는 애매하게
기척을 숨기고 스쳐 지나가며
아무런 흔적 없이 사라져 버린다

추억은 사라지다 다시 나타나는
발자취를 따라가는 것이다

발자취는 앞을 향해 나아갈 때 더욱 선명하게 새겨진다

잠깐이나마 뒤돌아볼 여유도 없이 마지막까지 이런저런 고민을 가득 짊어진 채
늘 그렇듯 외롭다는 착각 속에 스스로를 가두고 홀로 외톨이가 되어
차오르는 쓸쓸함을 감추려 거친 세상 속을 무작정 내달리며
비뚤어진 시선으로 위태로이 헤매고 방황하다 결국 지친 발걸음을 멈추게 된다

자신을 향한 수많은 사람을 애써 외면하고 마음을 굳게 닫아버린 채
팍팍한 세상살이 속에서 함께 어울리지 못하고 누구도 의지할 데 없는 신세가 되어서야
적적함을 달래 보려 알고 지내던 사람들에게 여기저기 안부를 전하며
조금이나마 위안이 되어 줄 누군가가 이제라도 다정히 손을 내밀어 주기를 바란다

인생이라는 짧은 여행은 서로 함께 어우러지며 추억의 발자취를 나란히 만들어 가는 것이다

세상이 변하고 세월이 흘러도 마음속에 유난히 생생하게 떨림이 느껴지는
알 수 없는 이유로 떠날 수밖에 없었지만 너무나 커서 도저히 가슴에 담을 수 없는
한순간에 지나가 버린 지금도 그리운 아름다운 기억을 잠시 눈앞에 펼쳐본다

꽤 긴 시간이 지났는데도 그대로 그곳에 머물며 선명하게 피어나는
그때는 몰랐던 진실된 마음이 갈수록 사무쳐 이유 없이 심장 박동이 빨라지는
다시는 볼 수 없지만 정확히 뭐라고 표현하기 힘든 애틋한 감정이 솟아나는
지울 수 없는 아픔이지만 평생 간직하고 싶은 소중한 기억들이 떠나지 않고 남아있다

인생이라는 긴 여행은 추억의 발자취로 서로의 빈자리를 채워주며 위로해 주는 것이다

무성한 소문과 잡다한 수군거림에 낯설어 흔들리고 힘들어하다
휑하게 비어 버린 마음으로 원망하던 기억들이 불쑥 떠오른다

가장 아픈 상처는 시간이 지나 아물어도 흉터로 남아
끊임없이 내 뒤를 따라오며 어김없이 가슴을 헤집는다

주마등처럼 순식간에 지나가 버린
훌쩍 넘은 반백의 세월 속에
끝내 순간의 어리석음으로 인해
그 어떤 종적도 없이
너무나 미련하게 놓쳐버린
홀연히 사라져 없어진 추억들이 있다
어지러이 찍혀 있는
발자취를 뒤늦게 쫓아가 보지만
아무것도 찾지 못하고 헛수고만 하게 된다

답답한 숨을 토해내며
이것저것 한참을 더듬어 보지만
세월에 막힌 둔한 기억이 가로막고 있다
헛된 희망과 기대감으로
쓸데없이 망각의 강을 넘나들다
늙어버린 스스로를 나름 안쓰럽게 생각한다

기억하고 싶은 것만 골라서
추억하고 싶은 것만 담아서
이래저래 원하는 대로 간직하고 있는
때로는 저절로 잊히는 세월이라 다행이다

당연하지만
누구도 함부로 말할 수 없는
평범하지만
어떤 것으로도 대신할 수 없는
무엇으로도
절대 차이를 메꿀 수 없는

그런 발자취가 있다

후회해도
하나도 잊고 싶지 않은
미워해도
소중하게 간직하고 싶은
아프지만
자꾸 흐려지는 게 싫은

그런 추억들이 있다

추억은
멈추고 나서야
비로소 제대로 볼 수 있다

추억,
세월을 말하다

주름살이 선명해지고
검은 머리가 줄어갈수록
모든 집착을 버리고
그저 흘러가는 대로 두려 한다
마음의 욕심을 내려놓고
운명을 겸허하게 받아들이며
그만 쉬고 싶어 한다

Memory 4

정처 없이 발길 닿는 대로
무심하게 돌아다니던
모질고도 험난했던 나날들이
덧없는 회한에 사그라지며
허탈함이 몰려온다

마음만은 아직도 청춘인데
주름은 점점 깊어지고
몇 가닥밖에 남지 않은 기억에
까닭 모를 갑갑함이 느껴져
억울하기도 속상하기도 하고
살아온 인생이 서럽기도 하다

유유히 흐르는
기나긴 세월을 따라
오래도록 갈무리해 두었던
곱게 삭아버린 추억들을 하나씩 추려본다

꿈 같던 세월이 그윽이 다가오고
온데간데없이 사라졌던
그리운 얼굴들이 고스란히 남아있다

흐르는 세월은 짧고 남겨진 추억은 길다

하룻밤의 꿈처럼 느껴지는
잊지 못할 한때의 추억은
아무리 세월이 흘러도
혼자만의 비밀스러운 장소에
깨뜨리지 않고 고이 간직한다

행여라도 들킬까 봐
꽁꽁 동여매 깊숙한 곳에
남몰래 살짝 숨겨두고
마음이 어수선할 때마다
작고 애틋한 마음으로
어김없이 뒤돌아본다

얼굴도 기억나지 않지만
꼭 한 번만이라도
다시 만날 수 있다면

하루하루가 답답한
모진 세월을 견뎌내고
그 먼 길을 함께해 준 것만으로도
그저 고마울 따름이다

파란만장한 세월에
아무런 불평불만 없이
여태껏 날 챙겨준 것만으로도
얼마나 고마운지 모른다

허망하고 야속한 세월에
어디든 손을 꼭 붙잡고
시답잖은 얘기를 들어준 것만으로도
모든 게 고마운 사람이다

덧없이 밀려오는 세월 동안
세상 밖으로 내몰려도 포기하지 않고
끝까지 지켜준 사랑이
너무나 고마워 눈물이 흐른다

LOUIS
CASTEL

세월,
참 빠르다

길게 드리워진 빛살 사이로 보고 싶었던 그리운 얼굴들이
함께했던 시간 속에 이리저리 어스레하게 떠오른다
그럭저럭 살아오다가 성한 곳 하나 없는 모습이 되어서야
오랜만에 얼굴을 내비치는 데도 낯설기만 한 친구들은 여전히 반겨준다

겉모습만 화려하고 남 부러운 것 없어 보여도
창백한 외로움에 비칠대는 지긋지긋한 속내를 아무도 모른다
찢긴 세월 사이로 그나마 남아있는 눈부시게 환한 추억들이
형편없는 모양으로 지칠 대로 지친 마음을 위로해 준다

비좁은 세상살이가 어느 세월에 지나갈지 한탄하고
돌아서면 닥쳐오는 막연함에 급하게 허둥대며 쫓기듯 살아오며
뭐 하나 해 놓은 것 없는 세월이 지나버리고 어찌어찌 사라진 청춘에
뒤돌아서 한 걸음 물러나 허송세월을 탄식하며 긴 한숨만 늘어간다

오랜 세월 동안 버겁게 어깨를 짓누르는 삶의 무게에
한없이 좁아진 어깨를 바라보며 서글픔에 가슴 저리며 후회한다
그럭저럭 하루하루를 버티고 감내한 세월은 되돌릴 수 없기에
걸음을 멈추고 그저 남아 있는 시간 속에서 행복을 찾아본다

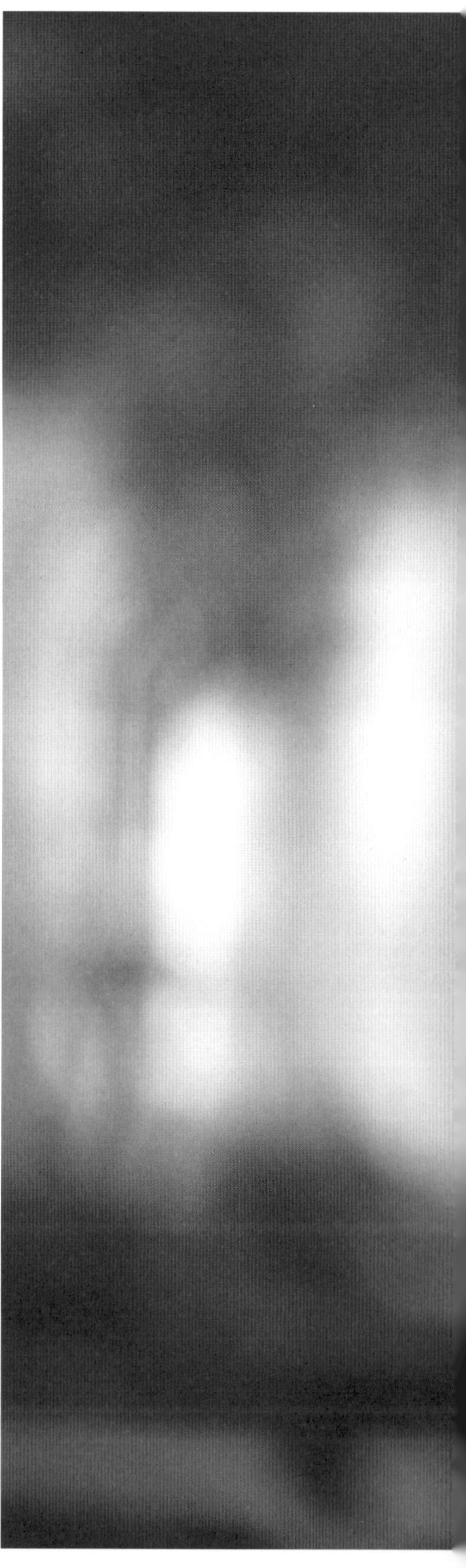

매서운 세월에 얼어붙은 마음은
따스한 추억에 녹아내린다

그리움에 취해서 세월을 그늘 삼아 쉬어 가다
하찮아 보이던 추억들을 찬찬히 둘러보면
너무나 싫었던 일들이 이제는 재미있는 이야기가 되어
가슴을 뒤흔드는 뭉클한 감회에 젖어 들게 한다

03.

Traces

만약 당신의
흔적이
남아 있다면
.
.
.

Traces · 흔적

서로 안아주고, 함께 울어주며

짙은 여운의 잔향 속에 아쉬워 마지막까지 손 흔들게 된다

기억을 남기다

-

미련을 남기다

-

눈물을 남기다

-

영원을 남기다

흔적,
기억을 남기다

차일피일 미루다
결국 전하지 못한
차디찬 기억들이
빼곡하게 주위를 감싸온다
얼마 남지 않은
돌이킬 수 없는 세월에
미련만 가득 남아있다

Traces 1

오래된 흔적이
새로운 흔적으로 나타난다

굳이 나서서 앞서가지 않고
조용히 무리를 뒤따르다
거의 끝에 다다라서야
앙상하게 변해버린 손끝을 내려다본다

인생이라는 한정된 시간은
이미 정해져 있는데
좀처럼 길을 찾기가 힘들어
여기저기 헤매다가
사람들 틈에 끼어 휩쓸려서
겨우 도착하게 된다

이것저것 바쁘다는 핑계를 일삼고
늘 시간이 너무 없다며
미친 듯이 쫓기며 살아왔는데
그동안 무엇을 했는지
무엇을 위해 살아왔는지
지금까지 무엇이 남았는지
왜 그렇게 살았는지도 모른다

자신이 머물며 지나온 곳에는 항상 지울 수 없는 흔적을 남기게 된다
흔적은 겹치고 또 겹쳐 흑백사진이 되어 멀어져 가다가 어두운 잿빛으로 변해버린 가슴에 스며들어 잔잔한 떨림이 되어 되돌아온다
시간이 아무리 지나가도 누군가는 그 자리에 남아서 그대로를 간직하고 기억하며 서로를 연결해 준다

허허로운 마음에 밤새 몸을 뒤척이며 살얼음판 같았던 지나온 세월에 만감이 교차한다
잃어버렸다는 아쉬움에 휩싸여 지내다 갑자기 되살아나는 기억조차도 잊기 위해 기억한다는 회한을 통해 머지않아 후회하게 될 것을 비로소 알게 된다
하지만 흔적은 눈에 띄지 않은 채로 또 다른 사랑과 추억을 통해 새로운 흔적을 만들어 주는 소리 없는 울림이 된다

마주치며 스쳐 가는 손길들로
이내 누렇게 변해버린
눈물로 얼룩진 흔적들을
처마 끝에 서린 연기처럼
아무런 미련 없이 떨쳐버리고 싶은

세월에 뒤섞여 엉켜 있는
여태 끌어안고 살아온
사라지지 않는 고통의 기억을
허공에 날리는 먼지처럼
저 멀리 훌훌 날려버리고 싶은

끊일 듯 말 듯 이어지는 아쉬움에
차마 떠나보내지 못하고
가슴에 묻은 채로 간직해 온
슬프고도 아픈 기억을
여유 없이 좁아터진 마음 때문에
여전히 버리지 못하고 붙잡고 있다

흔적은 각양각색의 빛깔로
저마다의 모습으로 기억된다

남들 눈에는 대수롭지 않고 정말 아무짝에도 쓸모없어 보이지만
가슴 한편에 무엇과도 바꿀 수 없는 귀중한 기억들이 오롯이 남아있어
어느 날 문득 무의미하게 변해버린 세월 앞에서 머물렀던 과거를 그리워한다
그 시절이 있었기에 지금까지 온갖 시련을 견디어 낼 수 있었는지도 모른다

아랫목에 놓여 있던 따뜻한 밥 한공기가 생각나는 고향을 찾아보지만
벌써 생소하게 변해버린 모습에 생각하던 그리운 모습들은 알아볼 수 없지만
오히려 낯설게 느껴지는 그리움 위로 낯익은 기억들이 하나둘 떠오른다

구불구불한 소나무 숲을 지나 질척이는 진흙 길을 한참 동안 걸어서
집에 오자마자 어서 놀러 가고 싶어 책가방을 내던지고 친구들과 쏘다니던
연신 콧물을 훔쳐대며 해지는 줄도 모르고 뛰어놀던 시절이 생각난다
이다음에 커서 어른이 되면 찾아온다고 말했는데 이제서야 다시 돌아본다

이제는 너무 멀리 와버려서 말라붙어 버린 기억 속에 흐릿한 흔적만이 남아있다

거침없이 솟아나는 자신감으로
청운의 부푼 꿈을 안고 뛰어든
자신만만하던 청춘이 한순간에 지나가고
저물어 가는 황혼의 노을을 바라보며
인생의 무대를 막 내려서려는 순간
멈출 수 없는 기억 속에 밀려오는 후회와
세월에 짓눌린 연민들이 몰려온다

출구 없는 삶의 끝자락에 매달려
금방이라도 떨어질 듯 위태로운 모습으로
끈질기게 악착같이 버티며 살아오다
간신히 세월의 종착역에 다다라서야
험난한 인생의 마지막 난간을 붙잡고 내려서는

당신의 인생에 남겨진 가장 소중한 흔적은

Canon
EOS 5D Mark II

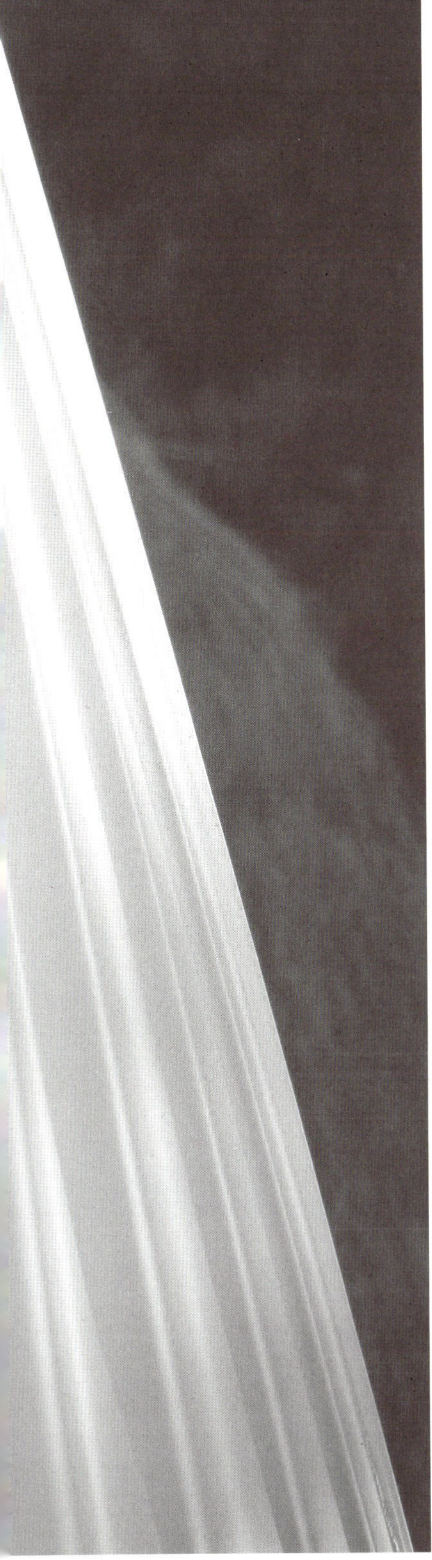

원래대로 되돌리고 싶어도
결코 돌이킬 수 없는
없던 일처럼 잊어버리고 싶어도
절대 잊을 수 없는
그런 기억조차 희미해지고 있다

점차 흐려지는 기억 속에
이정표를 지나고 나서야
그 무엇도 보이지 않던 것들에
환하게 눈이 떠지고
어떤 것도 들리지 않던 것들에
또렷하게 귀가 밝아지는
단순한 세상의 이치를 깨닫고
아쉬움에 손을 흔들게 된다

떠나는 마지막 날까지
누군가를 기억하고
누군가에게 기억될 수 있는
그치지 않는 기억으로 남고 싶다

이제는,
그만 쉬고 싶다

흔적,
미련을 남기다

후회도 아쉬움도
그 어떤 미련도 없다면
결국 버리지 못하고
다시 붙잡아 둔 채로
가슴속에 묻어버린 미련은
희미해지는 것이 아니라
그저 외면하는 것이다

Traces 2

똑바로 흘러가는 대로
내버려 두지 못하고
마냥 생각이 내키는 대로
무조건 고집을 부리고
알면서도 버리지 못한

미련함이 새삼 원망스럽다

그까짓 체면 때문에
집요하게 극성을 떨어대고
어차피 헤어나지 못할 일에
무지하게 겁 없이 달려들고
내친김에 끝을 보자는

무모함이 여태 후회스럽다

오다가다 하나둘 생겨난
아주 작은 사소한 집착들이
여기저기 널브러져
어서 빨리 집어 들라고
계속해서 집요하게 유혹한다

인고의 세월 앞에 던져진 채
아등바등 애를 쓰며 살아오다
어느결에 기울어 가는
적잖은 나이가 되어서도
가벼이 흔들리는 마음을
벗어나기가 쉽지 않다

여전히 이런저런 미련이 남아
차마 체념하지 못하고
무참히 허물어져 가는 모습에
입안에서 씁쓸함이 맴돈다

번잡스러운 마음에
순간 침묵이 찾아오고
지친 몸을 끌고 온 흔적 위로
여전히 그대로 남아있는
끝내 끊지 못한 미련들을
물끄러미 뒤돌아본다

온갖 우여곡절 속에 형편없이 헝클어진 모습으로
잡지 못할 뜬구름만 쳐다보고 제자리를 맴돌면서
아무런 생각도 목적도 없이 자신을 잊은 채로 떠돌다가
뒤늦게 지나간 시간 속에 잃어버린 꿈을 이루고 싶어
얼마 남지 않은 이미 부서진 세월을 다시 덧칠하기 시작한다

어느덧 긴 시간이 지나서 지금은 다 잊은 줄 알았는데
무슨 미련이 남았는지 가슴 한편에 너무나도 깊게 새겨져 있다
심지어 이제는 다시 돌이킬 수 없는 데도 뒤돌아보게 되는
남아있는 미련을 하나라도 더 떨쳐내고 벗어나려 한다

늦은 줄 알면서도 비우지 못하는 미련이 또 다른 미련을 만든다

무의미한
삶에는
미련이 없다

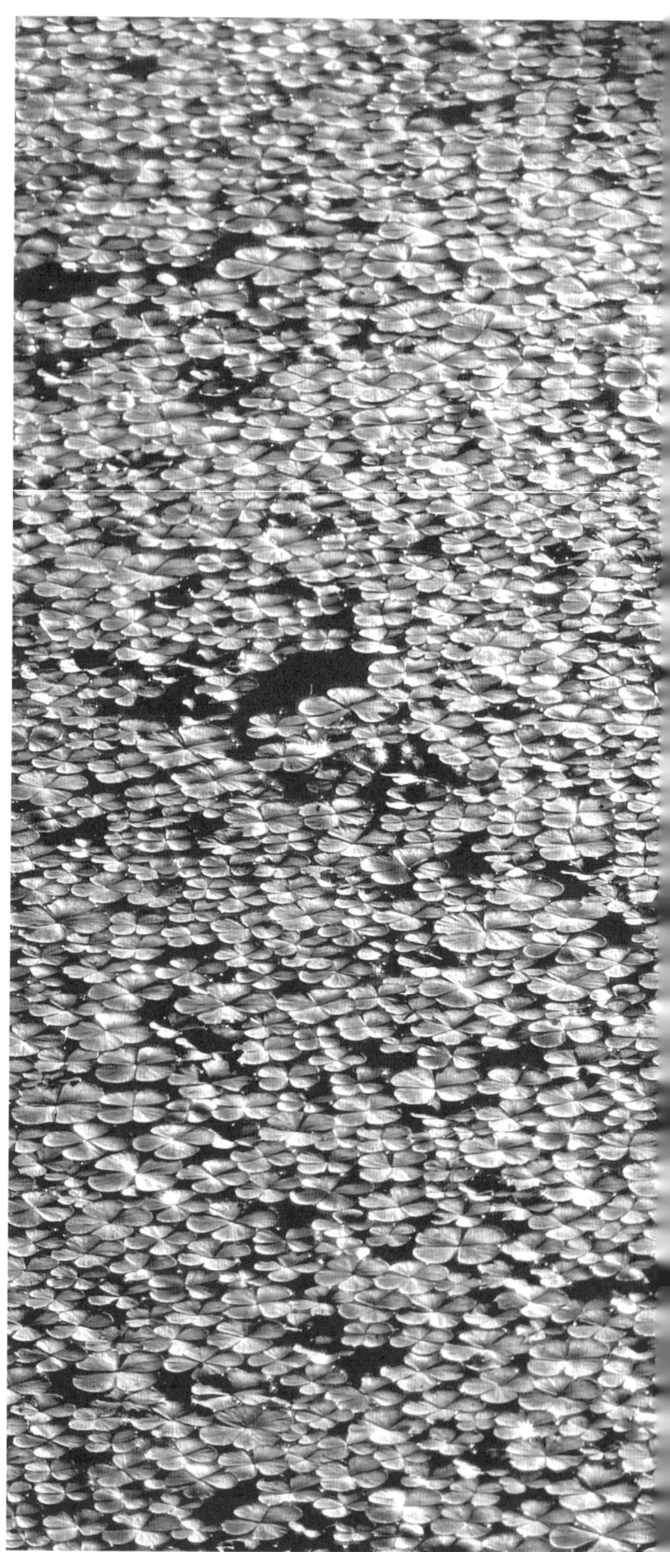

인생의 한나절이
훌쩍 지나서야 보이는
기울어진 자화상을
넋을 놓고 바라본다

초라하지만 화려하고
행복하지만 불행했던
쪼들리지만 여유롭고
파란만장하지만 고단했던

가난하지만 부유하고
평범하지만 치열했던
고통스럽지만 즐겁고
자유롭지만 옭매였던

삶에 쫓겨 다니느라
풀지 못한 미련의 끈들을
결국에는 놓지 못한다

기약 없이 흐르는
인생의 물결 속에
곱게 채색되어 있는
소중한 지난날들이
다시금 가슴을 녹여준다

하고 싶은 만큼
원 없이 실컷
쏟아내지 못하고
마음 한구석에 간직한
미련들을 홀가분하게 털어낸다

원망 섞인 눈빛으로
알아주기만 바라면서
기약 없이 끝내 미뤄온
여태 떨쳐버리지 못한
미련들을 속 시원하게 내던진다

아무런 미련도 남김없이

온몸을 칭칭 휘감고 있는
굴레를 벗어나고 싶어
밑바닥을 버둥대며 참아내고
닥쳐오는 숱한 고비에도
어떻게든 흐트러지지 않으려
끝내 울분을 집어삼킨다

복잡하고 심란해진 마음을
이제라도 편하게 내려놓고 싶다

거짓으로 진실을 감춰두고
괴로움에 잔뜩 취해버린
아무도 모르는 집착으로
막다른 절망에 빠져버린

잘못된 애환 속에
미련하게 붙잡고 있던 미련들을
어서 털어내 버리고
삶의 속박에서 벗어나고 싶다

갈자자 사이로 남겨진
시커멓게 그을린
미련한 흔적들을

시원스레 쓸어버리고

남아있는 삶만큼은
소소하게 사랑하며
알콩달콩한 재미와 함께
그렇게 살고 싶다

거창한 위선 속에 가려진
까맣게 타들어간
감춰둔 아픔들을
홀가분하게 던져버리고

남아있는 삶만큼은
누구보다 사랑해 준
가장 행복한 사람으로
그렇게 남고 싶다

흔적은 남기고

미련은 버리는 것이다

흔적,
미련을 남기다

누가 떠났는지
누가 남았는지
뒤돌아보게 된다
기억하고 싶은데
기억하고 싶지 않은데
좀처럼 외면할 수 없어
자꾸만 눈물이 고인다

Traces 3

기쁨의 눈물이 샘솟는
슬픔의 눈물이 쏟아지는
감동의 눈물이 차오르는
연민의 눈물이 적셔오는
세월의 눈물은 메마른

잃은 아픔보다 잊어버린 아픔에
견딜 수 없는 그리움으로
살다 보면 망각의 강을 걷게 된다

첫사랑이 이루어지길 바라며
봉숭아꽃을 곱게 빻아서
열 손가락을 정성스럽게 싸매고
어서 빨리 첫눈이 내리기만을 기다리던

길가에 흔하게 널려 있는 토끼풀로
예쁜 꽃 시계를 만들어 채워주고
네잎클로버의 행운이 찾아와
고대하던 사랑이 이루어지기만을 바라던

현실에서 한참이나 동떨어진
동화 속 주인공에 도취되어
분주히 비밀을 속삭이며
꿈 같은 순수한 사랑을 이야기하던

이제는 모든 것들이 그리운 나이가 되어
너무나 익숙해서 잊고 살았던
소중한 사랑이 못내 아쉬워 눈물을 삼킨다

괜히 들뜨고 크게 부풀어오른
허황된 꿈들을 붙잡으려다
너무도 팍팍하고 야박한 현실에 부딪혀
공연히 빈손만 허우적대던
빈곤하고 황폐해진 마음만이 남아있다

구겨진 세월을 만지작거리며
서글프고 고단한 삶에 찌든 힘든 현실을
잠시나마 잊어버리고 싶지만
지금 생각해보면
말도 안되는 엄살을 떨어대며
온갖 변명을 일삼다 깨져버린
무기력한 모습들만 무수히 발 밑에 남아있다

더 이상 뒤를 봐줄 사람도
마지막까지 곁을 지켜줄 사람도
참고 기다려 주는 사람도
아무것도 남아 있지 않은

아무도 날 찾아주지 않는
처지가 너무도 서럽고 서글프다

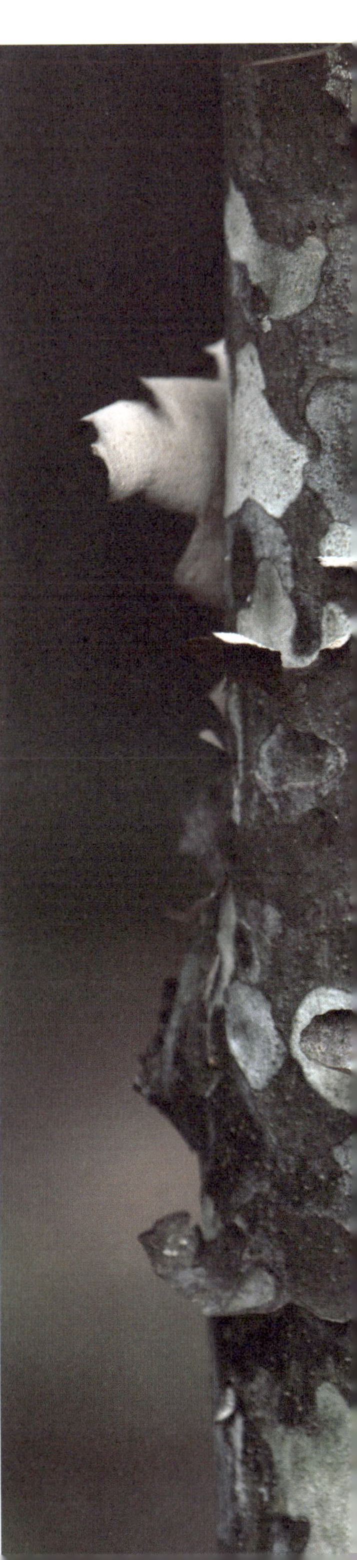

소심한 일탈을 꿈꾸며
꿈속이라도 만나기를 바라던
가깝지도 멀지도 않은 그리움에
한없이 빨려 들어간다

가로막힌 가시덤불을 헤치고
묘한 끌림에 도취해서
달콤한 입맞춤을 나누던
아예 잊은줄 알았던 사랑이다
부끄러움을 가득 안고서
감미로운 목소리로
귓불을 간지럽히며 속삭여 주던
지나간 아픈 사랑이 일렁인다

억눌려 온 슬픔을 벗어나기 위해
무의식 속에 잠들어 있던
아로새겨진 사랑을
꿈꾸는 대로
꾸미고 싶은 대로
가꾸어 보라며 스스로를 위로해 준다

지겨운 여정에 부대낀 세월의 흔적들을 넘나들며 맴도는 기억들이 있다

계속해서 가슴을 조여오는 수많은 압박감에 매일 같이 시달리고 살아오는 내내 허기진 배를 채우느라 시간조차 잊어버리고 정신없이 내달리던 인생이다

여기저기에 잠시만 하루만 한 해만 기다리라는 기약 없는 말만 남겨둔 채로 끝내 찾아가지 못하는

아직도 발목을 붙잡아 두는 미련의 사슬들을 끊어버리지 못한다

애타게 기다리는 줄은 까맣게 잊어버린 채 하세월이 지나 마음의 병을 얻고 성치 않은 몸으로 더 이상 갈 곳이 없어지고 나서야 불쑥 생각나는 것들이 있다

언제 찾아가겠다는 약속을 한 것도 아니고 더 이상 기다리지도 않을 텐데 왜 이리 서글퍼지는지 모른다

바싹 타들어 가는 속마음에
한시라도 빨리 만나보고 싶어
시종일관 입을 꾹 다물고
문이 열리기만 기다리지만
그 어떤 기척조차 들리지 않고
쉽사리 진정되지 않는 답답한 마음에
마치 시간이 멈춰버린 것 같다

생전 연락 한번 없어서
무정하고 야속하다 생각했는데
뜻하지 않게 찾아온다는 말에
아무것도 생각나지 않고
무슨 말부터 꺼내야 할지 몰라
괜히 손가락만 만지작거리며
자꾸만 고개를 돌아본다

그동안 혼자서 속 끓이며
눈물과 애증으로 간직해 온
말하지 못했던 속마음을
밑바닥까지 시원하게 쏟아내고
참고 참아온 소싯적 때의
시답지 않은 이야기들까지
잔뜩 늘어놓을 작정으로 기다린다

눈물은 흘리게 하는 것이 아니라 흘려주는 것이다

어디선가 애절한 노래라도 들려오면 가슴 속에 울려오는 슬픈 목소리와 가사 말에
별안간 복받쳐 오는 속 울음을 남몰래 삼키고 그냥 편히 기대어 쉴 수 있는
이름 모를 누군가의 따뜻한 품을 그리워하며 살아온 세월이다

엉뚱한 곳으로 휩쓸려 자꾸만 밀려나 이제는 마땅히 돌아갈 곳도 없는
어느 틈에 불쌍하고 처량한 신세가 되어있는 도무지 믿고 싶지 않은 혼란스러운 마음에
그 동안 참았던 눈물이 흘러내린다

사연을 안고
흐르는 눈물은
자국이 되어
흔적으로 남는다

흔적,
영원을 남기다

영원할 것 같지만
영원하지 않은 인생은
흔적으로 이어지고
누군가의 시간을 거슬러
다시 되풀이되며
또 다른 새로운 흔적으로
삶의 명암을 채우게 된다

Traces 4

끝나지 않을 것 같았던 청춘에
꺼지지 않을 것 같았던 불길이 타올라
둘의 영혼이 하나로 이어지고
둘이 영원을 가슴에 간직하는

지금까지도 여전히 그리운 사랑이 있다

끝까지 지켜준다는 말에
기쁨의 눈물이 가득 차오르고
영원히 사랑한다는 말에

참았던 눈물이 왈칵 쏟아지는

가도가도 끝없는 사랑은

풋풋함이 새빨갛게 물들어갈 때까지
아련함이 애틋하게 무르익을 때까지

순수한 사랑의 크기를 짐작할 수도
진정한 사랑의 무게를 가늠할 수도 없는
영원한 흔적으로 남는다

세월은 멀어질수록 희미해지고
흔적은 멀어질수록 선명해지며
영원은 멀어질수록 소중해진다

도대체 무슨 말인지 몰라 귀담아듣지 않고 무관심으로 대수롭지 않게 흘려버린
밑도 끝도 없는 막연한 뜬구름에 불과했던 애끓던 잔소리들이 뒤늦게 떠오른다

포대기에 꽁꽁 싸매서 키운 자식이 오로지 잘되기만 오매불망 바라고 전전긍긍하며
당신의 세월은 잊은 채 영원히 곁에서 지켜주지 못해서 어쩌냐며 내내 걱정이다
박복한 당신의 팔자를 물려주지 않으려 궁한 살림살이에도 힘든 내색 한번 없이
남부럽지 않게 키우기 위해 이리저리 뛰어다니며 한평생 지극 정성을 쏟아 붓는다
안부를 전하면 밥은 먹었는지 어디 아픈 데는 없는지 토씨 하나 틀리지 않게 묻고
행여나 찾아간다고 말하면 진작부터 굽은 허리를 부여잡은 채 억척스럽게 마중한다

결혼하고 자식 낳아서 키워보면 알 거라고 더 나이 먹어서 늙어보면 다 알게 될 거라는
어떤 대가를 치르더라도 자식이 행복하기만을 바라는 오롯이 전해지는 영원한 사랑이다

순리대로 사그라져 가는 세월이지만
다시 소용돌이칠 불씨가 되살아 나는

흔적은 보이지 않는 곳에서 이어진다

얻은 것도 가진 것도 없이
갈팡질팡 떠돌며
인생의 갓길로 밀려날 때마다
세월이 손을 잡아끈다

주위에 의지할 만한 것도 없이
고달픔에 헤매고
적막함에 몸서리칠 때마다
세월이 벗이 되어준다

삶이 아무런 의미가 없어
쓸데없이 방황하고
마음의 문이 닫힐 때마다
세월이 희망을 불어넣어 준다

쓸쓸하게 덩그러니 놓여있던
착잡한 심정을 다잡고
좋은 기억으로 남겨질 수 있는
흔적이 그려질 때까지
세월은 말없이 기다려 준다

인생은 영원하지 않아서 소중하고
흔적은 영원하게 남아서 소중하다

누가 뭐라고 하든지 대뜸 듣는 시늉만 할 뿐
마땅히 관심도 없고 듣고 싶지도 않은 나이가 되면
난데없이 넋 나간 사람처럼 멍하니 앉아 있다가
아직 채우지 못한 빈 공간을 바라보며
왜 여태 비어 있는지 그 이유를 찾아보려 한다

잡힐 듯 잡히지 않아 이리저리 생각해 보며
낯설면서도 낯익은 실오라기 같은 기억을 더듬어 보지만
하염없이 가물거리기만 할 뿐 희미하게 남아있는 흔적들은
점점 더 가물거리며 증발하듯이 사라져 버린다

한가로이 기다리지 않고 속절없이 흐르던 세월은
가려는 시간을 아쉬워하지 말고 이제라도 즐기라는 듯이
그 무게를 지탱하고 감당할 수 있을 만큼만 남기고
이런저런 미련이 남은 흔적들을 망각 속에 깨끗이 지워준다

지난한 피로에 젖은 옷과

닳아 해어진 신발을

세월 앞에 가지런히 벗어 놓고

원래대로 빈 몸으로 돌아간다

영원의 시간은
지극히 짧은 세월이 끝나는 순간 흐르기 시작한다

에필로그
Eqilogue

Love · 사랑

외로울 때
행복할 때
당신이 가장 먼저 생각난다

웃고 싶을 때
울고 싶을 때
당신을 가장 먼저 떠올린다

기쁨이 가득할 때
슬픔이 반복될 때
어느새 길들여진 내 모습을 바라본다
.
.
.
.
만약 당신이 누군가를 사랑한다면

그리울 때
후회할 때
그때가 가장 먼저 생각난다

떠나가고 싶을 때
돌아가고 싶을 때
그때를 가장 먼저 떠올린다

미소가 지어질 때
여전히 애틋할 때
미처 못다 한 이야기를 꺼내 본다
.
.
.
.
만약 당신이 추억을 이야기한다면

Memory · 추억

Traces · 흔적

깨달을 때
사무칠 때
세월이 가장 먼저 생각난다

떨쳐내고 싶을 때
벗어나고 싶을 때
세월을 가장 먼저 떠올린다

비로소 돌아볼 때
뒤늦게 깨달을 때
누군가 영원히 기억해 주기를 바란다
.
.
.
.
만약 당신의 흔적이 남아 있다면

iF

U

만약이라는 말은
당신이 세상을 살아가는
버팀목이 됩니다

초판 1쇄 발행 2023년 10월 23일

기획 문보환·김동욱
구성 문보환·김동욱
글 문보환
사진 고광준
편집 김동욱·문보환
디자인 김동욱

발행처 (주)서원각
등록번호 1999-1A-107호
주소 경기도 고양시 일산서구 덕산로 88-45(가좌동)
문의 031-923-2051
홈페이지 www.goseowon.com

ISBN과 가격은 표지뒷면에 있습니다.
파본이나 잘못된 책은 구입하신 곳에서 교환해드립니다.